여름 피치 스파클링

차정은 시집

여름 피치 스파클링

다인

여름을 겪을 때마다 들리는 팡팡 소리가 두려워

부딪혀 터지는 스파클을 꿀꺽 삼킨다

차례

제1부

복숭아를 콱콱 씹어 미풍을 만들기

여름의 뼈	12
복숭아의 조그만 허점을 찾아	13
오렌지 애프터눈	15
휴일과 우정이	18
냉채 사무소	20
영어 듀오	23
농담 따먹기	24
선풍기 Breeze!	25
진한 냉차의 맛	27
어메이징볼 그라탕	29
깍지 광선	30
즐겁게 사는 방법	32
튜바 꿈 임	34
과대 포장의 거짓 포장지 속 거짓말	36
수성 행성	37

슈퍼볼 깍두기	39
펑! 벌룬	41
여름에 편입하는 방법	43
스크롤 스파클	45

제2부

여름의 맥박

펌킨 사이다	48
빙어	50
잘근잘근 플라스틱	51
한입 가득 비눗방울에서 느끼는 립밤 맛	52
일주일 동안 세탁기에 갇히는 방법	54
폴카 블루스 컨트리 그리고 팝과 락앤롤	55
먹는 약 복용법	57
여름 주의보	59
FRUIT HEX FILES	61

영화 속 리듬을 모두 찾아 조립하기	67
사이버 호캉스	68
여름 피치 스파클링	70
톤톤 눕힌 후 잔해	72
있는 그대로의 시인	74
틈과 잔해의 샌드위치	77
골목 탄산수	79
주관식 용기	82
원픽 토마토 픽하기	84
에폭시 텃밭	86

제3부

피치의 스파클링

팡팡 아이스티	90
유기농 잠자기 루틴	92
상한 샐러드와 여름	94

톡	96
리턴 유토피아	98
여름모리장단	100
첨가물 껍질	103
아삭한 큐레이팅	105
미대생의 경매장	107
Skinny	109
풍경 풍경 풍덩	111
언덕과 오보에 효능	113
서늘함과 태양 축제	115
써머 주파수	117
철없는 괄호의 색깔 퀴즈쇼	119
변질과 인공식품	121
밀린 여름 상환	124
시인 키우기	126
무르익은 여름이 나를 먹여 살린다	128
작가의 말	130

제1부

복숭아를 콱콱 씹어 미풍을 만들기

여름의 뼈

선풍기 바람에 기대어
한낮의 무게를 견디고

아무 말 없이 편의점에서 탄산을 고르며 세상의 전부를 나눈다

꽃무늬 반바지에 손을 넣은 채 세상을 다 안다고 믿던 나날
바다가 아니어도 충분한 낭만의 농도

둘이 세운 여름의 뼈대

복숭아의 조그만 허점을 찾아

완벽하던 솜털 사이에도 허점이 있는데
애벌레가 한 입 먹은 자국일지 몰라

대놓고 상처라고 말할 수 없다
애벌레의 한 입은 내가 흘린 음료수보다 작아서

집요하게 허점을 찾는 방법
손끝으로 껍질을 긁어도 깨지지 않아

프랑스에서만 살 수 있는 납작한 복숭아
그 복숭아는 언제나 쓸쓸해

부족한 구멍을 찾고 싶은데

그 구멍도 쓸쓸해하겠지

복숭아 우주설이 있잖아
완벽한 복숭아는 우주가 될 수 있어

처음부터 썩어 가는 지점을 콕 집는다면 완벽할 수 있어
무너질 준비가 된 복숭아의 뒷모습을 바라본다

반으로 톡 쪼개면 드러나는 곳은 심
씨앗에는 안경이 가득해서 어쩔 줄 몰라

가위로 싹둑 잘라내면 어쩔 수 없다

한가운데서 찾은 사랑을 뱉기 위해 달리기
향기로 덮은 멍 조각을 삼키기

오렌지 애프터눈

여름에 도착한 말린 귤껍질
발을 동동 띄우는 프라이버시

행운의 부적을 만들어 줄게
클로버를 찾다 보면 토끼를 발견
눈앞에 떨어진 장바구니를 훔친다

여름에 먹는 귤을 좋아해
달지 않고 예쁘지 않고 떫고 아주 신맛
그래도 사랑이 아니면 먹을 수 없는 맛

그 사랑이 아주 달콤한 맛인 것

이건 네가 만든 습관
내게 주어진 명령

흘린 귤껍질이 스미는 방법을 바라본다
피부에 머무른 안부는 어떤 소식이야

동전 지갑 안에 있는 조각을 한 입씩 나누어 먹어
감히 추억이라 말할 수 없다

너는 청춘을 좋아해

모두가 청춘을 말하는 이 세상 속에서 진실된 청춘을 찾을 수 있을까
모두가 사랑을 말하는 이 세상 속에서 진실된 사랑을 찾을 수 있을까

사랑한다는 말로는 부족하잖아
우리의 열정이 부족한 청춘은 그리 아름답지 않잖아

숨 막히게 될 수 있는 이 순간이 더 이상 영원치 않다는 것

얼음물에 발을 푹 담가
얼음 컵에 귤을 동동 띄워

우리의 무게가 점점 가라앉을 때

영원히 좋아하는 말은 무엇일까

여전히 여름에 귤을 먹는다는 말일지 몰라

휴일과 우정이

휴지로 닦을 수 있는 건 사랑뿐이 아닌데 너는 눈물을 닦고는 한다
그런 용도가 아니잖아

휴지를 뽑는 것

삼각형을 미화하는 일

우정이라는 이름을 기억해
수학익힘책 쪽 번호에 삼각형을 매기는 게 재미있다고 말할 수 있어

사랑스럽고 귀엽고 상냥한 아름다움
그 모든 게 거짓이 아니라는 사실에 충격을 받을 수 있어

그래도 거짓이 아닌 사실에 거짓을 부여하지 않기
아침에 문 닫은 백화점에 찾아갈 수 있는 재력

내 재력은 전체를 사랑할 수 있다는 자신감

휴일에 뛴 달리기에 흠뻑 젖어 휴지를 찾고
우정이는 만인의 연인과의 사랑에 빠지네

훌륭하고 사랑스러워 그 마음씨가
덧나지 않을 상처 위에 밴드를 겹겹이 쌓는 기분

눈동자에 담긴 사랑을 꿀꺽 삼킨다
봄에 내리는 빗줄기는 우리 둘만의 시간

보들보들한 수면바지의 촉감처럼 부드러운 한숨
분리수거를 할 수 없는 푸른 페트병의 탄산 방울

한편으로 힘든 일이잖아 그래
휴일에 찾아온 우정이를 사랑한다고 하는 날

냉채 사무소

화려한 과일이 어스름히
경쾌하게 채를 다지는 법

목뒤로 흘러내린 땀줄기가 햇살의 광채 같아서
곧은 선이 일정하니까

단단히 쥔 주먹 위로 인사를 붓고
진작 끝난 여름을 짧게 부른다

오래된 마루 위에서 나눌 이야기
금방 소진되지 않게 조심해야 해

새로 산 천 원짜리 도마 위에서 과일을 위한 채를 써는 거야
동동 써는 소리에 춤을 출 수 있다

짠맛을 내뿜는 과자 부스러기처럼
아직 컵의 바닥을 맴도는 음료수처럼
강렬한 입맛을 위한 사무소를 방문한다

여름의 초입 여름의 입구에서 맞이하는 볕들의 인사는 세상에서 가장 어지러운 두통
치료법은 없어

유성 매직으로 그어 버린 번쩍번쩍한 상장
잃어버린 이름을 찾아 떠날 것
여름의 냉기를 한 폭에 담지 못한 후회와 그늘 속에서만 건네는 인사

간절히 나열한 냉채와 함께하는 아침
첫입이 풋풋하다

찰랑거리는 바람의 결과 여름의 초입

한 입

손등의 그을린 자국은 밝게 떠올라 속삭여
이번 여름의 식감은 아삭아삭한 햇살의 어감
가벼운 마음으로 톡 쏘는 탄산을 힘껏 마시고

여름의 아침은 거침없이 풋풋하니
나의 여름의 시작은 텅 빈 사무소 위 냉채처럼

영어 듀오

우리는 최고의 듀오야
테니스 볼을 칠 때의 기량이 굉장한데

사랑을 할 수 있어
라는 자신 가득한 단어를 주고받는다

농담 따먹기

냉장고에 붙인 쪽지가 떨어지면 저주를 하는데
너는 어떻게 자꾸 사랑을 거는 거야

여기는 카지노가 아니라는 말만 전하고
그 단단한 과자를 콰삭콰삭 씹는 것

부끄럽지 않게
당당히 앞에 나서 쪽지를 던져 줘
나는 만루 홈런을 친 경험이 있으니까
투수는 내가 아니라는 사실

장난을 그만 치라는 말을 들으면 나는 웃을 수 없어
너에게 재미를 심기 위해 사는 하루가 녹아 버릴 기분

짧지 않으니 걱정 마

내게는 가벼운 농담을 주고받을 시간이 있어

선풍기 Breeze!

스크롤을 더 이상 내릴 수 없을 때 고개를 드는 것
우리가 나눈 대화가 맑은 구름 위에 있어

오븐에 구운 구름은 사랑 모양

손끝은 자꾸만 굴러가는데
역시나 나란히 걷는 사랑이 좋다

네가 끝내고 싶은 이야기
고물상에서 주워 온 바람에 흘려보낸다

가벼운 바람에 몸이 흘러내리는 것
그 바람은 정말 식은 죽 먹기야

미풍에 날아가 버리면 어떡해
가벼운 견디기를 못해서 무거운 여름을 버틸 수 없다

자전거를 몰고 달린 여름
시간이 그다지 빠르지 않다는 걸 깨닫는 오후가 밉다

무겁게 미는 힘이 부족하면
네게 가벼운 힘을 빌릴게

이만한 간절함이 모여 미풍이 되는 것

진한 냉차의 맛

진한 냉차의 맛
썩 시원치 않아

목차 없이
한 단어씩 써 내려가는 문장들

한 걸음 나설 때마다 마시는 한 모금
풍부한 웃음이 크게도 터진다

목 넘김이 부드러워
부푸는 소리가 아닌데

다듬지 않은 길 위를 걸을 때
발자국이 서슴없이 튀어나와
지나온 자국을 돌아볼 수 없는 것처럼

마음까지 퍼진 냉기도 손금에는 변화가 없다는 사실

여전히 입안에 머무르기

주먹만 한 얼음이 깨지지 않도록
부드러운 손길로 쓰다듬어

문대면 사라질까
녹으면 증발할까

더 이상 길 잃은 아이가 아닌데도
툭 하고 쓰러질까 무서워지는 것

찰칵하고 나서볼래
목 넘김이 없는 시절은 지나갔잖아

어메이징볼 그라탕

우리가 만드는 이상한 단어 놀이
살면서 한 번도 뱉지 않을 것 같은 단어를 만드는데

영양가 있는 소리가 아니야
깔깔거리며 씹을 수 있는 단어들

분명 감바스를 먹고 있었는데
배가 부를 때쯤 생각난 그라탕

놀란 눈을 번쩍 뜨면 뱉을 수 있는 이상한 단어
어메이징 그라탕이야

마트에 있는 미트볼을 빼먹을 수 없다

어메이징볼 그라탕

둘이 만든 영양 가득 농담

깍지 광선

필요할까 모자이크 같은 거

오늘은 광합성이 필요할지 몰라

빨갛게 익은 피부만 덩그러니
부르튼 입술에는 딱지가 피어나

화면에 나오고 싶다 했잖아
어제도 풀지 못한 문제를 다듬기

풀지 못해도 괜찮아
햇빛이 가득하니까
인공 잔디밭에 누워 하늘을 두 손으로 가리는 노력

손 틈 사이로 삐져나온 빛으로만 광합성을 한다

손등까지 익어 버렸어
잔뜩 부풀어 몸이 둥실둥실

빛들이 몰려와도 괜찮아
우리의 깍지는 풀리지 않을 테니까

담백한 말들로 너를 꾀어
조금은 아플지도 모르지만 괜찮아

깍지의 여백은 한숨도 없으니까

커다란 숨이 고플지 모르니까

즐겁게 사는 방법

약속을 해야 한다

즐겁게 산다는 약속
한평생 즐겁게만 살아가겠다는 약속을 해야 한다

멋 부린 치마의 프릴이 밟혀 젖어도
이빨에 토마토 껍질이 낀 채 하루를 보내도
새로 산 컵을 깨트려도
전부 들통난 거짓말을 이어가야 한대도

불쌍한 설탕만 잔뜩 첨가된 사탕을 한입에 넣으면 즐거워지잖아
이게 우리 둘만의 유흥이잖아

여름을 보내고 여름을 맞는 법
내가 알려주지 않았니

우리가 약속한 알림장에는 곰팡이가 피어나
함께라는 약속은 하지 않는다

각자의 꿈을 바라보는 순간
새끼손가락을 풀지 못하는 순간

오늘도 내일도 모레도 여기서 만나잔 약속

새로 산 치마에 프릴을 달아 줄게
천 원짜리 유리컵에 담아 잘게 간 토마토 주스를 보내 줄게

거짓말이 아니야

불쌍한 설팅만 잔뜩 첨가된 사탕은 더 이상 불쌍하지 않아
우리의 일상으로 충분하니까

이게 우리 둘만의 유흥이잖아
이제는 너와 나 각자의 유흥이잖아

이 즐거움을 멋지게 조립하기

튜바 꿈 입

품속에서 깊어진 울림은 강한 소리
묵묵히 자리를 지키고

꾸밈이라는 말을 붙여 주고 싶었는데
꿈 입이라는 말이 떨어졌다

바르지 못한 발음에 쌓인 오해를 만나고
부풀지 않게 천천히 누른다

휴식을 찾기 위한 항해
땅에서 머무는 튜바의 뒷면에 슬어 있는 녹을 만날 것

이건 커다란 꿈이야
바르지 못한 단어를 뱉는 나처럼
이루지 못한 언어를 메꿔 보자

사랑해 오늘도
묵묵히 울리는 소리를 믿고 있어

진동을 느끼지 못하지만
눈앞에 보인다고 믿는 것처럼

밝은 세상을 믿어 본다
매일을 믿는 세상을 비춰 볼까

소리에 담긴 감정을 쏟아 보는데
나는 그 안에 담긴 로맨틱을 좋아해

부푼 감정을 꾸며
쌓인 오해를 눌러

그것이 터진 이유는 녹이 슬었기 때문
그럼에도 그것은 세상을 흔드는 목소리

과대 포장의 거짓 포장지 속 거짓말

감싼 것의 속내를 맞출 수 있어?

사랑이 담긴 유리그릇이 아니야
텅 빈 무언가의 속내를 말이야

네 마음을 들춰 볼 수 없는 것처럼
포장된 마음은 존재하지 않는데 기계처럼 나열하는 단어가 아깝다

균형이 무너지지 않게 조심해
비뚤어진 마음은 폭삭 주저앉을지 몰라

수성 행성

문구점에서 새것을 찾기
오래된 유성펜 하나를 찾는다

여름의 맥박
수성의 동맥

함께 짚는다

새것을 좋아하는 마음
수성을 질투하는 마음

우리의 반지름 총기장을 찾는다
뒤로 미루지 말 것

새것을 찾는 죄책감에 낡은 것을 찾아

닳은 사인펜을 챙겨 드는 것

이 구멍들로 사랑을 할 수 있을까

여름의 맥박은 쉼 없이 뛴다

행성의 동맥을 잘 짚는 것
함께한 순간의 지름을 믿지 않는 것

커다란 믿음 속에 진한 유성으로 흔적을 남기기

슈퍼볼 깍두기

상큼한 테마를 고르기
방법은 어렵지 않아

내가 말하는 단어를 10년이나 기억할 수 있어

언덕에서 먹는 잡초의 맛을 기대하면 안 돼
새콤함과 산뜻함

그때 그린 선명한 빛을 보여줘
그 풍경의 맛은 아주아주 상큼해

보람찬 하루에는 보리차를 마셔
내가 솎아 준 새콤한 나물처럼 빛나는 맛이 난다

틀려 버린 마음가짐은 줄줄 흘러내리는 줄넘기처럼
다시는 묶지 않을 거야

깍두기를 담그는 모습을 9만 명의 관중에게 선물하는 거야

경쾌한 충격이 온몸을 감싸고
10년 동안 가십거리가 되겠지

관중들의 열기에 다섯 겹의 오존층이 녹고
뜨거운 햇발이 전체를 휘감아 우승하는 법

공짜 경기장이 아니야
그래서 환호할 수 없는 다짐

펑! 벌룬

열이 나도 조심해야 해
끓어오른 공기를 불어넣은 풍선은 연약하니까

언제나

펑
하고 터져 버릴지 몰라

대부분 알고 있어
나선형 우주가 떠오르면
곱게 쌓은 청춘이 무너진다는 사실

더 이상 어리지 않다는 것
상처는 점점 부풀어
커다란 그림자에 숨는다

고정되지 않는 바람에 겁먹지 않기
손등에 남은 스탬프 자국을 지우지 않기

터진 풍선을 붙잡고 젊음 속에서 헤엄친다

내가 판 맨홀 속에서 솟아나는 법
새로워진 맛

구멍에는 찢어진 풍선이 가득

캄캄한 구멍 속에서 펑 하고 터지는 소리
더 이상 풍선이 아니야

속삭여도 괜찮을까
고요함이 무기가 되지 않을까

이 인사의 마지막에서
펑 하고 말을 이어 가자

여름에 편입하는 방법

잔뜩 끼어 버린 빛이 까끌거린다
그 감촉은 해변에서 만져본 선풍기의 질감

버린 게 아니라 떠밀려 온 것
선풍기가 바다에 있을 리 없잖아

너는 내게 밀려온 사랑

닿을 수 없는 청춘의 가닥

나는 여름을 스무 번 겪었는데 넘치는 사랑은 처음이야
그만큼 견디기 어렵다는 말

미끄러지는 깍지를 끼고

누구나 포장하고 싶은 사랑이 있다

커다란 바람에 여름을 올려 보내기
앞으로 지나갈 하루를 버티기 어려워

가지런한 손끝이 온몸을 떠미는 것처럼
간질거리는 질감에 온몸이 부들거리는 것처럼

너를 기다리며 할 수 있는 일은
커다란 여름에서 커다란 독백을 외치며 우뚝 서 있는 것

둘만의 깍지로 여름을 견디는 법
수많은 계절 중 여름에 편입하는 법

스크롤 스파클

맑게 깎인 여름이야
덕분에 스크롤을 멈추는 것

투명한 뺨이 꿈을 품는데 반짝이며 부서진다
쏟아지는 햇살이 무대가 되는데

박자에 맞춰서 춤을 추는 게 새로운 호흡
가볍게 튀는 발끝이 하루를 쌓는다

흔들리는 음악이 천천히 달아올라
화면에 떨리는 웃음처럼 사랑을 말하는 것

뭉개지는 화면을 쓰다듬을 수 있어
떨리는 스파클이 튄다

내리면 내리면 터지는 스파클
올리면 올리면 터지는 스파클

멈출 줄 모르는 순간처럼 맑게 웃는 법

순간마다 짧아지는 반짝임
새벽을 쓸고 간 리듬

투명한 뺨이 차올라 맑아지는 색깔
빛들이 튈 때마다 사랑이 빛난다

제2부

여름의 맥박

펌킨 사이다

 아직 찾아오지 않은 여름의 맛을 어제로 넘기면 우리는 무슨 맛을 떠올릴까

 하이볼을 마시기 위한 컵에 맥주만 따르는 것처럼
 뜯지 않기로 한 벽지의 흠은 커져만 가고
 새콤한 맛이나 달콤한 맛이나 호박을 넣으면 담백해지듯

 아직 엄마에게 전하지 못한 말
 나는 한참 동안 이 맛을 싫어해
 언제나 여전히 오랫동안 싫어해

 아직 휘파람을 불지는 못하는데
 그래도 약속은 한다

 추억을 삶다 보면 찾아온 계절을 위해
 언제나 여전히 오랫동안 청명할 매일을 위해

 녹은 얼음과 만나는 탄산의 맛이 좋아서
 사이다의 달콤한 맛이 좋아서

건강을 위해 무설탕 음료를 마셔야 할까
하지만 여전히 호박은 싫은 아침
각설탕 껍질을 벗겨 담근다

손을 입가에 문대면
픽 하고 쓰러지는 가벼운 소리

소원을 빌어 볼까
어제 열어 둔 매직에서는 덜 익은 호박 향이 난다

아직은 아쉽게 전한 말
이름표 위에 재료의 말들

펌킨
사이다

빙어

빙어에 빠지는 세계

찜질을 하다 말고 무릎을 벗기기
그 위에 양말을 올리면 발바닥이라 우길 수 있다

낱말 놀이를 오랜 시간 할 수 있는 것처럼
너는 여름에도 투명해

가늘게 흘러가다 미끌거리는 것처럼

오늘은 사랑에 빠졌어
빙어가 말하는 모든 단어는 한복판의 꿈같은 이야기

모든 게 괜찮은 이유
차가운 것들은 쉽게 상하지 않는다

잘근잘근 플라스틱

씹는 버릇이 있는 건 아닌데
사랑을 떠올리면 이빨이 부딪힌다

잘근잘근 씹힌 자국
내게 건넨 빨대가 불쌍하다

마트에 직접 가서 사 온 습관
떨이의 값이었어

저렴한 걸 보면 구입하는 버릇이 있는데
이게 내 씹는 버릇이야

우리가 사랑하는 방법도
오래된 씹는 법

한입 가득 비눗방울에서 느끼는 립밤 맛

지구에서 태어난 너와 나
기포가 다 가시지 않은 음료수의 탄산
하늘 높이 솟아올라 거품이 되었고

네가 터트린 비눗방울 위에 떠도는 나의 비눗방울
터지지 않게 입을 맞춘다

손등에 남은 키스 향에 기름진 립밤을 문대는 행위

비눗방울에서 기름진 맛이 난다
어쩌면 독성이 있을지 몰라

톡 쏘는 기쁨을 나누어 마시자

탄산을 좋아한 이유가 거품 때문이라며
보글보글거리는 모습이 꼭 비눗방울 같아서

단 하나밖에 없는 무지개 구슬을 사랑할 수밖에

크게 한입 먹어 보자

거품의 인사를 바라면 안 돼

동화 속에 잠길 수 있을까

모두가 사랑하는 이야기에 푹 빠질 수 있을까

너와 나눠 마신 비눗방울에서는 립밤 맛이 난다

일주일 동안 세탁기에 갇히는 방법

축축한 주머니에 간장 계란밥 레시피가 들어 있어

잘게 찢어진 조각을 먹는다

둥근 드럼통이 데굴거리는 모양을 바라보는 것
커다란 동그라미 속에 갇히고 싶다는 생각을 해

동그란 잡음이 들리지 않는 깊이
동그랗게 말린 몸

외출할 수 없는 모습이 좋아
앞으로 따뜻한 통닭을 사 올 수 없다

힘차게 꺼내려는 모습이 웃겨
잠잠히 이곳에 머무르고 싶은데

영원하지 않은데 그리워하는 이유

폴카 블루스 컨트리 그리고 팝과 락앤롤

하루에도 몇 번씩 굽은 세수를 한다
욕조에 들어간 순간 주파수를 띄우는 연습

닿을 수 있을까
음악이 된다며 내가 판 리듬을 삼켜 버린 너에게

디스코 디스코

리듬에 좁은 팔을 흔들기

사이다 펍
둘의 첫 만남

형광 주황색 레이저가 나를 나누어 놓았는데 그사이를 비집고 들어온 건 컨트리 뮤직
디제잉 솜씨가 남달라서 춤을 출 수밖에 없어

폴카 메들리에 새로 쓴 가사를 찢을 수 있는데
그래도 숨을 참을 순 있어

쿨하단 건 이런 거야
신문지 위에 적어 준 장르니까

폴카
블루스
컨트리

그리고

팝과
락앤롤

춤을 추는 법을 모른다는 건 말이 안 되잖아 삐걱대는 주파수 같아도 그 솜씨를 사랑하는 것
  닿지 않는 신호를 억지로 구겨 넣는 것

  오늘은 허리를 활짝 펼 수 있을까
  네게 닿을 신호는 제대로 굽어 있을까

먹는 약 복용법

캐쥬얼하게 숨쉬기
길게 늘어진 테이프가 끊기지 않아

꼭지를 따야 해

함께 받은 설명서는 읽지 않는다

진심을 꾹꾹 눌러 쓰인 편지는 읽기 어려워질 테니
가벼운 마음을 잊지 않기 위해 하는 노력

건강을 챙긴다는 말을 좋아하잖아

햄버거 속 양파는 꼭 빼지만
비타민은 잘 챙겨 먹는 모순

그 한 겹의 모순을 사랑한다
이를 갈지 못한 너를 미워할 수 없어

그 열매의 꼭지를 따지 못해도

함께 기다리는 순간이 즐거워

재채기에 푹 젖은 편지가 아려 와
오늘은
커다란 테이프를 뚝 하고 끊는다

이 커다란 숨을 잊지 않기
길게 늘어진 테이프를 끊지 않기

그 복용법은 틀렸다는 내용이 전부

여름 주의보

나의 여름은 젊고 투박한 계절
잔뜩 헤진 자판기

음료가 나오는 칸에서 덜컹거리는 소리만 나는데 우리가 펜션에서 나눴던 이야기 같아서
아직 먹지 않았는데 코끝을 찡하게 쏘는 청포도 맛

독하게 톡 쏠 수도 있다
톡 소리가 나듯
그렇듯

분홍이 가득한 계절은 한철 식고 활활 타오른 열기가 목을 멘다
텁텁한 입가엔 물기가 바싹 마르고 파랗게 피어난 줄기엔 별빛이 무더기로 쏟아져

갑자기 찾아온 여름에 우리는 면역이 없어 축 처진 어깨엔 긴장이 가득
세차게 울리는 여름의 소음

바스락거리는 템포에 발을 맞춰 걷고
순식간에 더위가 잠식한 세계가 버거운 우리는 커다란 아이스크림을 기다린다
열기에 녹아 버린 마룻바닥을 세차게 핥는다

흐르는 땀줄기에 뜨겁게 젖은 등판을 시원히 감싸 보고
빨갛게 익어 버린 뺨을 차갑게 데워 보고

얼얼하게 뛰노는 알람 소리 사이에 하는 고백
만우절이 아니니까 걱정하지 않을 것

돌아오는 여름을 경고하는 너의 문자가 보여

짧은 템포를 주의하라는 말과
끄지 않을 스무 개의 알람 시계

이긴 분명 여름이 돌아오는 소리잖아

FRUIT HEX FILES

 이 편지는 복숭앗빛 여름 아래 최초로 시작되었습니다. 이 편지에는 달콤하지만 끈적한 마법이 스며들어 한번 붙으면 좀처럼 떨어지지 않습니다. 이 달콤한 마법을 해제하는 방법은 이 편지를 5명에게 24시간 이내에 전달하는 것. 루시 17세는 이 편지를 5명에게 보낸 그날 저녁 바닷가에서 복숭아 주스를 공짜로 얻었습니다. 토마스 24세는 불금의 회식에서 도망쳤지만 아무도 그걸 기억하지 못했습니다. 한국의 정모 씨는 이 편지를 인스타 스토리에 올렸고, 그날 밤 짝사랑하던 사람에게서 DM을 받았습니다. "너 진짜 여름 같다."라고 하면서요. 하지만 전달하지 않은 사람들은요? 한 남성은 복숭아 아이스크림을 사 먹으려다 카드의 칩이 고장 나 결국 구매하지 못했습니다. 그리고 일주일 내내 꿈속에서 톡, 톡, 톡 무언가 익는 소리를 들었다고 합니다. 어떤 여학생은 편지를 비웃었습니다. 다음 날, 그녀의 배경 화면은 알 수 없는 복숭아 사진으로 바뀌어 있었습니다. 사진은 영원히 삭제되지 않았고, 그 사진은 점점 익어갔습니다. 당신의 손끝에 남은 복숭아 향은 이제 사라지지 않습니다. 부드러운 껍질을 만진 순간부터, 당신은 여름 피치 스파클의 주인이 되었습니다. 이 편지를 또 다른 5명에게 보낼지 말지는 당신의 자유입니다. 하지만 기억하세요. 당신에게 붙은 복숭아는 익어야 하지만, 머뭇거리면 금세 썩어 갑니다. 5명과 24시간. 복숭아의 계절은 짧습니다.

1. 여름 피치 스파클
기원 : 복숭앗빛 여름 아래
증상 : 껍질 없는 애정, 뜨겁게 익어 가는 기분
전파 조건 : 손끝에 복숭아 향이 맴도는 순간
해제 조건 : 5명에게 편지 전달
주의 : 무시할 경우 밤마다 누군가가 귓가에 "톡, 톡, 톡…" 속삭임

2. 자두 트위스트 저주
기원 : 편의점 앞 의자에 앉아 울던 소녀의 주스 잔
증상 : 감정이 쿡 찔렸다 빠지는 듯한 기분, 대화 중에 말이 계속 꼬임
특이 사항 : 3일 안에 이 저주를 전달하지 않으면, 소지한 모든 빨간 물건이 자꾸 바닥으로 떨어짐

3. 망고 펑크의 밤

목격담 : 홍콩 어느 클럽에서 이상할 만큼 달콤한 향을 풍기던 낯선 이

증상 : 텍스트를 보내도 답이 오지 않음, 보이스 메시지에 자신도 모르는 속삭임이 녹음됨, 옛 추억이 유치하게 느껴짐

해제 조건 : 편지를 노란 배경에 올려 두고, 가장 친한 친구에게 "망고 좋아해?"라고 묻기

4. 블루베리 정전기

기원 : 정전된 도서관 3층에서, 책장 사이로 파란빛이 번쩍인 순간

이상 현상 : 이어폰이 한쪽만 먹통됨, 타자를 칠 때마다 이상한 오타 발생, 사진을 찍을 때마다 파란 점이 박힘

주의 : 무시할 경우 꿈속에서 블루베리가 말을 건넴

5. 레몬 코어 리셋

전파 경로 : 너무 상큼한 척하는 SNS 게시물

증상 : 갑자기 너무 솔직해짐, 타자를 칠 때 손이 떨림

해제 조건 : 5명에게 "나 지금 좀 셔…"라는 말을 진심 없이 던지기

6. 샤인머스캣 유성 기억 편지

　기원 : 2006년, 해변에 떨어진 작은 유성 조각과 함께 배송된 샤인머스캣 더미

　증상 : 예전에 쓴 일기장을 다시 읽고 싶은 충동, 주변인 5명의 이름을 잊어버리기 시작함

　주의 : 유성 기억은 잊고 싶은 것까지 복구된다. 절대 혼자 열람 금지. 5명에게 편지를 전하지 않으면 이틀 내로 세 번, 똑같은 꿈을 꾼다

　해제 조건 : 5명에게 "혹시 나 기억나?"라고 묻거나, 이 편지를 별 아래서 누군가에게 낭독하기

7. 무화과 시퀀스

　기원 : 세 번 문이 열리고 닫힌 베란다. 혹은 아무도 없는 방 안의 부엌 시계

　증상 : 시간을 착각함, 말을 뱉은 뒤 그 말이 낯설게 느껴짐

　주의 : 무화과처럼 무르익은 기억이 당신을 되감기 시킴

　해제 조건 : 편지를 한 번 이상 본 적 있는 사람에게 전달. 실수로 모르는 이에게 보낼 경우, 하루 전체가 소멸함

8. 청포도 트랩룸

 기원 : 프랑스 리옹의 한 버려진 온실. 창문마다 푸른 포도가 주렁주렁 걸려 그 안에 들어간 사람은 방이 움직인다고 말함

 증상 : 같은 길을 세 번 걷는다, 포스트잇이 혼자 떨어진다, 모든 문이 잠겨 있다

 해제 조건 : 이 편지를 "밖에 나가고 싶다"라고 말한 이에게 단 한 번만 전한다

9. 굴껍질 경계선

 기원 : 겨울 초입, 혼자 살던 할머니가 매일 까서 쌓아 둔 굴 껍질 무덤. 하루는 껍질이 너무 예뻐서 누가 말도 없이 들고 감

 증상 : 대화 도중 말이 뚝 끊김, 혼잣말 중 누군가 듣는 듯한 기분, 귤을 까면 그 안에 껍질이 또 있음

 해제 조건 : 손톱 아래 귤 냄새가 배기 전 이 편지를 4명 이상에게 보낼 것

10. 석류 오류 시뮬레이션

 기원 : 로마의 유서 깊은 컴퓨터실. 모니터에 첫 에러 메시지가 뜬 순간, 관리자의 손에 들린 건 반쯤 먹다 만 석류였다

증상 : 글자가 뒤집혀 보임, 메모장에 자신이 쓰지 않은 문자가 만들어짐

해제 조건 : 자신이 가장 신뢰하지 않는 플랫폼에 사랑한다는 말을 남기기

영화 속 리듬을 모두 찾아 조립하기

이 모든 것들이 낭만이 아닐까
온종일 사진만 잔뜩 찍어 내

나의 하루가 렌즈 속에 갇혀 버렸어

착각을 벽 속에 잔뜩 밀어붙여
지루함을 잃지 않기 위한 약속

선명한 기억을 조각조각 잘라 꺼내기

멋진 영화를 찾아서 디비디 방에 찾아간 날
그 짧은 컷을 모아 우리의 영화를 지어냈다

리듬이 느껴지잖아
제멋대로인 이 기분이 한껏 느껴지잖아

이 모든 필름을 하늘 높이 날리면
어쩌면 태양의 조각이 될 수 있을지 몰라

사이버 호캉스

상큼하게!!!! !!! !! ! !! !!! !!!!

문자 속에 담긴 단어를 이해할 수 없는데
느낌표의 개수가 달게 느껴진다

커다란 표현에 물음표를 달 수 없고
문자로 보낼 단어의 발음을 연습하는데

지끈거리는 마음에도
두근거리는 모습에도 사랑을 얹을 수 없어

일방통행일지 모르는데
전에 나눴던 대화를 속기한다면

그건 언제나 사랑일 수 있어?
나는 언제나 이곳에 머물러 있잖아

그 괄호 안에 영원히 갇힐 수 있다면

그곳이 나만의 안식처라는 게
네가 손수 지어 준 호텔이 맞다

여름 피치 스파클링

여름만큼 서툰 꿈을 깨문다

복숭아가 뉴턴의 머리 위에 떨어질 때 터지는 스파클
깨물 때마다 터지는 스파클

여름이 껑충 뛰어와 내게 안기는데
덥석 사랑한다고 이야기해서 미안해

따뜻하게 녹아드는 복숭아 향
깨물어 버린 맛

여름을 한 조각 통째로 삼킨다

텅 빈 여름을 튕겨 올려
삼키다 삐져나온 과즙이 미끄러져

발등까지 번진 여름이 찰랑거린다

피치 스파클

한 입 베어 물면 햇살이 터진다

발등까지 번진 여름을 톡톡히 사랑해
오늘도 덥석 날아가 사랑해

자꾸만 텅 빈 추억을 튕겨 먹는 것
여름과 피치와 스파클을 덥석 사랑하는 것

톤톤 눕힌 후 잔해

밤이 낮보다 뜨거워
그런 당연한 말이 아니야

짧은 숨소리도 짙게 눌어붙고 뗄 수 없는 강렬한 마음이 보이고 세상이 멈춘 순간이 가장 찬란하다는 말을 믿을 수 없는데 그래도 여름을 믿는다 굳게 믿는다

휴식이 없어서 그래
나를 삼킨 태양도 멈춘 걸 알 수 있는데

도망칠 수 없다

힘껏 드러눕히는 수밖에

여름의 톤
까맣지 않아
빨갛지 않아

사랑은 푸른색일 뿐

햇살은 그림자를 벗기고
너는 웃는다

매일 꿈을 태우며 걷는 것

남은 건 벗겨진 파란 껍질
그리고 다시 오지 않을 장면의 톤

있는 그대로의 시인

시를 쓰는 게 오랜만이야
가볍게 던지는 단어

내가 꿈꾸는 작업실을 손수 길러 주는 것
다정한 눈빛을 잊지 않겠다는 약속

여름용 커튼 사이에서 밝은 빛이 쏟아져
젊음을 더 이상 사랑할 수 없다

그릇 위에 잔뜩 녹은 마시멜로
오븐 속에는 탄내가 일렁인다

단출한 시를 즐겨 주는 너에게 고마워
네가 쏟아 내는 달콤한 칭찬에 이 젊음을 바쳐 보는 거야

덧없는 상처를 멋쩍은 단어로 꿰매 따끔한 사랑을 말하는 것

출구를 찾아보자
더 이상 오릴 수 없는 이 젊음의 순간을 찾아

하이라이트에 불을 켜는 법을 몰라
그럼에도 화재가 날 뻔했던 적

창문을 활짝 열 때면 오늘도 탄내가 일렁일렁

거짓투성이!
달콤한 내음이 함께 스민다

어설픈 단어와 함께 삼킨 까만 마시멜로
사랑이 가득한 맛이야

창가 위에 담요를 덮어 줄게
햇빛을 버거워하는 것 같아서

메말라 쩍쩍 갈라지는 소리에도 시를 쓰는 시인
밝은 빛 사이에서 터져 나온 소음

그래도 시끄럽지 않다

있는 그대로의 시인은 여전히 아름다워
달콤한 시를 쓰는 시인은 언제나 상처투성이

틈과 잔해의 샌드위치

  종이 한 장은 들어가려나 직감이 틀린 순간
  그 틈은 통나무가 들어가도 훌쩍 남을 공간이라 과체중의 내가 가볍게 느껴진다
  마치 달에 올라간 사과처럼

  사과는 껍질을 벗기지 않아도 가벼워
  통째로 걸려 버린 거짓말을 숨기는 나처럼

  허겁지겁 질문을 참지 않기
  하얀 속살을 빨갛게 칠하기

  빛이 변하는 순간을 지긋이 쳐다본다

  쪽잠의 순간을 얇게 썰어 틈 위에 올리고
  혼자 달에 찾아가 일그러진 사과를 잘게 부숴
  커다란 빵의 덩어리를 올린다면 강렬한 빵이 될 수 없어

  B사의 프랜차이즈에서 팔 수 없는 빵
  사과 100퍼센트가 함유된 진짜 가벼운 빵

시간을 조각조각 나누기 위해 만든 샌드위치야
크게 한입 먹고 용기를 나눌 수 있기를 바라
세상을 구하는 놀이터 방범대처럼

골목 탄산수

아침에 먹은 나뭇잎은 질기기만 한데
점심에 먹은 돌멩이는 아삭한 식감

우리가 쓰는 언어는 어디까지가 허용일까
제멋대로인 하루를 그대로 방치

가위 사이에 펀치를 집어넣는데
아프지 않다

두 달 전 슈퍼에서 사 온 유리컵에 비친 얼굴은 개구리 같아
쨍그랑거리는 소리 대신 개굴개굴

정리정돈을 하겠다는 약속도 거꾸로 하게 되잖아

손등을 문대도 괜찮아
언제나 거짓말인 걸 알고 있으니까

약간의 기대를 걸어 보는 건 무엇 때문일까
사랑이라는 말 때문이야

네가 뿌려대는 거짓은 숨 막히게 달콤하니까

이가 썩지 않게 조심해
숨 쉬는 모든 것에 거품이 피어오를지 몰라

톡톡 터지는 기포를 조심할 것
언제 물거품이 될지 모른다

그 기포 속에 우리가 쓰는 단어를 나열하자
위화감 없는 식감을 오랫동안 기억하자

골목 구석에서의 나뭇잎 식사를 기억해
개구리 손님이 찾아올 테니

초인종은 누르지 않아도 괜찮아
우리는 얼굴을 기억할 테니까

보글보글 터지는 사랑과
적나라한 단어를 믿지 못한 네 얼굴을 바라본다

숨을 질기게 씹다 보면 오늘이 멈춰도 괜찮아

엉망진창인 발걸음
천천히 박자에 맞춘다

거품이 천천히 피어오를 때 달콤한 단어를 찾기 위해 서둘러

저녁에 먹은 사탕은 아쉽기만 한데
내일 마실 사랑을 미리 싫증 낸다

주관식 용기

동전을 먹는 자판기 앞에서
오렌지라 말할 수 있는 정도의 주관

오랜 시간 미뤄왔던 선택을 한 모금씩 꺼낼 수 있는 정도의 용기
무섭다고 말하기엔
겪지 못한 것들이 더 넓을 텐데

알고 있을까
보드게임 위에 내 섬들을 짓지 못했다는 거
두 번만 더 걸으면 푹 꺼져 버릴지 모른다는 것

그 위에서 뛰노는 말들이 안쓰럽다

캔을 따면 언제나 뿜어져 나오는데
나는 음료가 터지지 않는 법을 모른다

어제 산 천 원짜리 거울 앞에
오뚝이처럼 기우는 말이 보여

이 모든 순간이 내가 엎어 버린 것이라 믿지 않는 것
이 글을 쓰는 모습이 제삼자의 것들이라 믿는 것

나는 어쩌면 포도가 먹고 싶었을지 몰라
그 섬 위에 뿌려진 모래보다 자갈을 나누고 싶었을지 몰라

알아챘을 때는 발 한쪽이 움푹 빠져 버린 것이 전부
두 발이 담긴 세상이 다르지만 그래도 앞으로 나아가
다시 한번 오렌지라고 말할 것

원픽 토마토 픽하기

빼곡한 조명 아래 빛나는 토마토 숲
여기는 슈퍼 밖의 가판대 위야

어떤 토마토에서 반짝이 맛이 날까
네가 네 마당에 날 친구로 심어 준 것처럼

어떤 것에서 빛이 날지 골라 보는 것
보석을 발굴하는 마음가짐

투표할 기회는 한 번뿐이야

점심 메뉴를 고르는 것보다 어렵다

토마토에도 꼬투리가 있어
조그만 허점을 찾는 거야

찜할 수 없는 순간에는 밀가루 파우더를 흘리기
파우더를 남용하면 안 돼 리필은 할 수 없으니까

배짱이 같은 마음
청각이 찌르르 울려대

좋아요를 눌렀다는 소리는 아니야

따끔거리는 이유는 온몸에 거짓말 탐지기가 달려 있기 때문
맥박 위에 덩실덩실 춤추는 호흡

밀가루 파우더 사이에 내리는 토마토를 시각적으로 삼켜 보자

태양은 늦잠을 자지 않으니까
새로 빠진 신상 그림자로 찾을 수 있어

내 픽은 우측 하단의 덜 익어 버린 파란 토마토
홀로 외로이 남을 지금을 따뜻한 보일러로 데워 줄게

에폭시 텃밭

비닐하우스가 무너지면 에폭시를 기를 거야
푹푹 눌리는 기분을 좋아하니까

곰팡이가 피지 않게 기도한다

다시 한번 믿어 주는 것

물을 주면 굶어 사라질 거야
약한 스티커를 조심히 만들어

십 년을 모은 편지를 넣으면 무럭무럭 자란다는 이야기
내가 지었으니 진실이라는 소식

첫 수확이 미뤄진대도
영원히 함께하면 즐거울 거야

어름에 자라지 않는 작물이지만
나는 또 여름을 기다린다

함께 춤을 출 수 있다는 걸 좋아하는데
그 아침을 미루지 않을 수 있을까

싹둑거리는 가위질 오늘은 천천히 나아가

풍성히 자라난 에폭시
사랑의 접면에 푹 눌러 담는다

제3부

피치의 스파클링

팡팡 아이스티

햇살이 얼음 위를 구르는데
여전히 복숭아를 씹어도 되는 거야

유리컵 안에서 여름이 부서지는데
흘러내리는 복숭아를 먹을 수 있어

흘러내리는 복숭아에 느릿한 오후가 무너지고 말없이 빨대를 무는 것
이빨 자국에 무너지는 빨대에서 복숭아 맛이 난다

벌써 달콤하면 안 되는 거야
아직 나눠 먹지 못한 복숭아가 한 그루

팡팡 터지는 복숭아랑 입을 맞추면 어떻게 해야 해
우리를 스쳐 가는 여름과 어떻게 하루를 나눠 먹어야 해

미지근힌 꿈 힌 모금

흘러내리는 복숭아가 팡팡 터진다

아이스티는 더 이상 복숭아 맛이 아니야

여름 한 조각이 입안에서 터진다
햇살은 아직도 가벼운데 달콤한 웃음을 다 마시기 전에 사랑을 뱉는다

어제 씹은 복숭아를 뱉는다

목 끝까지 시원해진 순간에 햇빛보다 먼저 웃는 거야
아무 말 없이 여름을 씹어 삼킨다

유기농 잠자기 루틴

새로 산 잠옷 위에 도장을 콩콩 찍어
고전을 좋아한다는 말이야

빈 스프레이 속에 상큼한 향을 담아

지독한 졸음을 크게 한 스푼
고전적인 마음을 내다볼 수 없다

유기농 주스에 들어 있는 소식을 좋아해
주스는 세상을 다 알고 있다는 듯이

시들지 몰라
커다란 잠옷이 썩지 않게 조심해

그 잠옷이 머무를 항구를 찾아 주는 것
머물지 못해도 여전히 좋아하는 것

원망할 수 없잖아
그 사랑이 머물지 못한다는 게

나는 더 이상 이 들판의 행복이 무섭지 않아

농약을 치지 않은 사랑이 활짝 피는데
한눈을 팔면 금세 시들어 버린다

유기농 딱지를 붙여
시들어 버린 빛들을 거짓이라 칭하고

더 이상 항구에 머물지 않아

잠옷 위에는 엎어진 주스만 흠뻑인 채로

상한 샐러드와 여름

싱싱한 샐러드가 집을 싫어한다
어쩔 수 없이 집어 든 냉장고

커다란 토마토 조각만 입에 넣었는데
오물거리는 사이에 천천히 사라진다

사라지는 시간의 조각을 먹고 싶어 밖을 두드리기
중간에서 오래오래 머무르는 방법

너는 언제나 짧은 순간을 씹는 나를 기억해
나는 언제나 길게 늘어난 시간을 씹는 너를 기억해

조용히 기억해

함께 만든 시간이 냉장고에서 이틀 지난 샐러드처럼 흐물흐물한 것이라면
껍처럼 질기게 남기지 못하는 거라면

나는 그 중간에서 오랫동안 머무른다

적당히 싱싱한 오래된 맛을 좋아해
애매한 맛을 좋아하는 너를 기억하기 위한 방법

여름이 쨍쨍거리며 찡찡대는데
그럴 때마다 상한 샐러드를 바라본다

흐물거리는 것들을 씹을 수 없어
그래서 나는 껌을 씹게 되는 거야

오늘도 밖으로 나가면 싱싱한 샐러드를 사 와야겠지
나를 껌처럼 씹을 수 있는 시간은 지났다

샐러드가 상하는 시간을 바라보는 것

여름을 찾는 수단

톡

유리컵 안에 빠진다
편의점에서 파는 동그란 얼음을 좋아해

커다란 얼음의 표면을 살살 문대면
톡톡하면서 컵을 치는데

새로 산 컵에 부딪혀 여름이 깨어난다

우리는 허리를 구부려 지내야 해
맞출 수 없는 눈을 자꾸만 마주치고

허리를 톡 건드려 간지럼을 태운다

오늘따라 햇살이 휘청이는데
모두가 컵 속에 빠지는 기분

그렇게 행복해하지 않아도 되는데
오늘따라 정전기가 온몸을 쏘는 것

눈치를 주는 거야
동그란 얼음이 커다란 세상을 보기 위해 여름을 두드려

허리를 잔뜩 펴고 기지개를 켤 때야 여름이 웃는다
어제 산 컵에 여름이 부딪혀 허리를 굽힌다

행복한 눈을 자꾸만 마주치는 것
컵 안에서 빠져나오기 위해 편의점을 찾는다

유통기한이 한참 지난 유리를 찾는다
동그란 얼음을 찾는다

리턴 유토피아

　기회를 준다
　앞으로 나아갈 모든 것

　통 안에 담긴 한숨이 예전에 지어진 집이라면
　감추지 못한 사실로 책을 엮는다면 몇 쪽짜리 집이 지어질까

　환상에서 살고 싶다는 말만 전해 주는데 나는 진실을 알지 못한다
　친절을 엮어 살고 싶다는 말에 지어진 기회는 훌쩍 닳아 버린다

　갈피가 잡히지 않아
　내가 짓는 세상이 아닌데

　한 편의 집이 우리의 전부가 될 것처럼

자꾸만 변하는 손짓이 위험해

잔뜩 녹은 아이스크림
좋아하는 사랑을 잊지 않을 게 분명해

오래된 서점 꼭대기에 갇힌 책을 구해 주는 선함
그 마음씨로 짓는 유토피아
얼룩덜룩한 세상을 다시 한번 펼치기

흉터가 되었어
기회는 모든 걸 주기도 하지만

수지타산이 맞지 않는 이 거래가
또 하나의 유토피아를 짓는 것

여름모리장단

별사탕을 얼음에 절여 먹는 것

별사탕주를 꺼내 먹을 때는 한여름의 축제 시간
엉망진창인 소스를 꺼내 뿌려야 해

숨을 참을 수 없는 시간에 소스를 뿌리기

모든 것을 조합해 먹을 때 눈에서 하트가 나온다
웃음을 참느라 자꾸만 숨이 차

어제는 예스터데이
예스터데이는 사랑꾼

그래서 자꾸만 눈빛을 쏘는 거야
동네 피시방에서 추억의 게임을 발견했을 때의 기분

사랑을 말할 때마다 자꾸만 숨이 넘어가는데
기쁜 것들만 마주하면 어떡해

방방 뛰는 사랑 소리에 박자를 맞춰
박수를 덧대면 여름모리장단이 된다

노래를 업로드할 시간은 예스터데이
예스터데이만 사랑스러운 말을 할 수 있어

주머니에 꼭 숨겨 두었던 별사탕같이
달콤한 기분과 영원히 숨바꼭질

몇 년은 절여 둔 별사탕에 몇 개의 추억이 묻었을까
그 추억을 다 마셔야 하는 벌칙

추억을 마셔야 할 때는 숨을 참아야 한다
숨을 참고 마시면 사랑을 할 수 있어

건빵뿐인 안주에도 정돈된 소스를 뿌리고

숨을 참으면 보이는 것
말도 안 되는 추억의 묶음

다시 한번 한여름 축제

첨가물 껍질

터진 지 한참 된 과자 껍질에 부족한 질소

동전 지갑 안에 갇힌 잔돈을 바라보는 것
밝은 소식에 눈이 멀지 않게 조심해

칼슘이 필요하다는 소식은 들었는데
그 포만감을 잊지 못해

장난처럼 끼어 있는 껍질을 빼낼 수 없잖아
오래된 물에 번지는 껍질을 천천히 삼킨다

흔들리는 하루하루가 달콤하게 빛나고
그 첨가물이 빛나는 순간은 여전히 아름답지 못해

첨가물의 꽃말을 지어 줄 거야
멍청한 소리뿐인 대화 속에 말이 빛난다

이 허울뿐인 낙하를 지켜보자
금세 무너져 버릴 이 모든 것들을 나무란다

푸른 나무가 흔들리는 초원의 농장

그 농장에서 까먹은 과자 껍질은 누구의 것일까
뜨거워 녹을 듯한 이 태양의 따뜻한 온기를 미워해

그 부족한 질소는 내 폐 속을 가득 채워
커다란 호흡을 여러 번 가다듬기

아삭한 큐레이팅

떫은 오렌지의 식감은 리듬이 뛰는 맛
음악의 단어를 왜 이리 좋아해

노래는 백신이 아니니까 방심하지 않기
병균은 아니라는 말에 안심

모니터의 빛 번짐 위에 반짝이가 흩날려

상처는 따스한 햇살에 익어 연고가 춤을 춘다
자꾸 그렇게 움직이면 반창고를 붙일 수 없어

커다란 움직임의 모습은 마치 철없이 피어나는 떫은 맛인데
아삭한 과일의 꼭지를 떼려면 항상 손끝을 쿡 눌러야 하니까
손끝에 물든 과일의 향이 내 마음을 전해

네가 철 지난 얼음을 사 온 것처럼
크게 한입 물면 이빨 틈 사이 익은 과즙만이 흐른다

파일철에 쓰러진 활자 위에는 과일 밑 소식이 가득

나열된 식감에 초대한다

꼭지를 딴 과일의 꽁무니를 졸졸 따라다녀
손톱만 한 향기가 세상을 휘감아

연두의 전부를 안다는 듯 언변을 펼치는 모습이 가공된 사탕 같아서
연두색 과일이 아니라 연두색 사탕이야
깨물 수 없는 아삭할 수 없는 사탕

우리가 나눈 과일의 지식은 찰나의 손짓일지 몰라
우리가 실감할 수 없는 여름이 인생의 전부일지 몰라

지금까지 내가 한 말의 과일을 맞춰 보는 것

미대생의 경매장

스트레칭을 하지 않으면 저런 마음이 든다

다섯 살 시절의 애착 인형이 누더기가 된 기분
온몸을 사랑으로 적신 누더기가 부러울 수도 있어

엄마가 선물해 준 곰돌이 모양 얼음 틀이 마음에 들고
이빨에 부딪히는 곰돌이 모양 얼음을 좋아해

이 사랑스러운 마음이 중요한 이유는 미술이 어렵기 때문이야

쉬는 시간에 공중제비를 도는 정도의 딴짓
어렵지 않다

우리는 센스가 정말 없는데 어떻게 미술을 할 수 있을까
채워진 백지에게 미안하다

 운동장을 함께 돌며 나누던 이야기에 값을 매긴다면 얼마에 팔 수 있을까
 붓쟁이가 사랑하는 순간을 찾을 수 있을까

1번 말의 예대생은 덧칠을 하지 못하고
2번 말의 미대생은 종이의 앞면을 찾지 못하고
3번 말의 미대생은 칼질을 하지 못한다

그래도 우리는 달리는 순간을 사랑해
함께 예술을 빛나게 할 수 있으니까

미술을 하는 이들을 사랑하라고 말할 수 있다

하수구 망을 씌우지 않아도 물감을 흘려보낼 수 있는 용기

걸러지지 않는 마음이지만
그럼에도 예술을 사랑할 수 있는 것처럼

Skinny

깡마른 여름에 숨을 쉬는 것
비틀거려 제대로 된 착륙을 할 수 없다

시간을 제대로 세지 못해

그 얇은 마음이 자꾸만 높이 뛰어 마음을 믿지 못하게 된다
두껍지 않은 옷을 겹겹이 쌓아 올려 자꾸만 행복을 찾게 해

짓눌린 마음을 미워하지 않도록 조심할 것
커다란 순간이 단숨에 끝나지 않도록

뻔해지는 뻔뻔한 마음을 찾아 춤을 추는데
위협적인 여름에 밀어 넣는 것
익숙하지 않아도 괜찮아

네가 꿈꾸는 여름은 순수할까
그 엷은 마음씨가 너를 꿈꾸고 있을까

손끝이 뜨겁게 예열된 이유는 그저 상냥하기 때문

영원을 함부로 뱉지 않게 조심해
몇 번은 더 꼭꼭 씹어야 형태가 드러날 테니

완성되는 순간을 믿어야 해
들뜨는 순간 무너지는 상냥함은 밝게 끓어오르니까

흰 도화지에 사랑하는 그늘을 그려
상냥하고 값싼 햇빛을 천천히 마신다

풍경 풍경 풍덩

고무대야를 뒤집어쓴 태양이 비틀거려
너도 감당할 수 없는 거야

슬리퍼를 끄는 소리가 온 동네를 깨우고
녹은 사탕은 주머니에 쑤셔 넣기

우리는 골목을 통째로 마신다
팔꿈치에 긁힌 자국이 미끌거려

달아오른 골목에 물을 퍼트리면
풍덩

그 풍경을 보는 게 오늘의 일과
삼천 개의 버킷리스트를 채울 수 있다

자꾸 바닥을 뛰어대서 세상이 뒤집혔는데
그래도 태양은 춤을 출 수 있어

덜 마른 사탕을 우적우적 씹는다

풍경이 넘친다

폭발하는 풍경을 삼키는 방법
뱉는 것보다 삼키는 것을 배우기

미지근한 하루를 더듬거리며 잔뜩 불어 터진 숨을 뱉는다

울컥이는 순간을 게워 내는데
오늘의 지금을 삼킬 수 있어

모든 건 헤엄치는 것과 다르지 않다

언덕과 오보에 효능

빨갛게 달아오른 해변에 누워 손금을 세 본다
그루브를 타고 싸구려 복숭아 잼을 먹는 것

오보에 연주를 10년이나 했는데 오케스트라에 합류할 수 없다
내가 네 연주 시간에 삑사리를 냈기 때문

처음부터 끝까지 내 잘못인데

오케스트라 단원들에게 내가 만든 수제 잼을 선물할 거야

가볍게 떼어 낸 발자국 위
리듬의 즙을 가득 짜고

톡톡 터지는 손끝을 따라 복숭아를 갈아

쓰러질 생각 마
우리는 여전히 드넓은 휴양지

무너질 생각 마

우리는 여전히 비좁은 기억 속

쓰레기 산에서 조각을 모아 언덕을 쌓는다
딱 한 번 불어 본 오보에 소리를 믿는 것

경쾌한 복숭아가 춤을 춰

엇박의 리듬이 손금을 세 본다

싸구려일지도 몰라
다듬은 모든 기억이 춤을 추는데

소리를 찾아 가방 속을 꿴다

앞을 나설 때마다 들리는 진동의 하모니를 잊지 못해

서늘함과 태양 축제

축제에 내놓을 요리를 즐겁게 마시는 것
손끝이 아쉬운 재료를 따낸다

삼각대가 온다는 소리에 헐레벌떡 마중을 찾아

인사성을 잃어버린 지 오래

차가운 구석에 앉아 셔터를 누르고
한창인 축제 밖에서 두 눈을 크게 뜬다

태양이 두근대는 소리가 여기까지 들려

나만이 알 수 있는 소리를 믿는 것

태양이 지는 곳에 서늘함이 있어
오랜 서늘함은 나의 따뜻한 고향

오늘도 축제를 향해 걸어
반기지 않는 불청객이 나아간다

보이기 싫은 모습을 보여도

아쉬운 재료를 찾기 위해 나서는 모습

요리를 함께 찾아보자

마중이 더 이상 아쉽지 않도록

써머 주파수

시큐리티를 부른다
경고를 받은 이유는 얼음을 콰삭콰삭 씹었기 때문이야

이빨이 부서지면 어떡해
사랑니에는 사랑이 들어 있지 않은데

충치 사이에는 경고 쪽지가 들어 있다
그래서 찾아온 시큐리티

달콤한 것을 먹을 때만 쪽지를 읽을 수 있어
어제도 없던 저녁에 사탕을 바르는 방법

끈적하게 질은 사랑이 달라붙어 길게 늘어난 설탕을 삼키면
손끝이 천천히 부끄러워한다

한 번 더 부르면 스크린도어가 무너질지 몰라
억지로 이빨을 깨부순다
커다란 얼음을 콰삭거린다

시큐리티끼리는 텔레파시가 통하니까
그들의 주파수에 잠입해야 해

시큐리티를 몰래 꼬시는 방법
사랑니와 사랑에 빠지는 방법

철없는 괄호의 색깔 퀴즈쇼

반짝이는 햇살이 춤을 출 때

어깨에 앉은 것들이 무거워

귤빛 노을 아래 사라진 그림자를 찾아

무모한 사랑이 출렁인다 상상보다 버거운 조합 마당에서 함께 나눠 먹은 철없는 순간이 그리워

뛰쳐나온 한 가닥
봉투에 가득 담을 값싼 아이스크림

구멍이 송송 뚫린 것들을 흘린다

고개를 올려보라고 말할 수 있어 나는 우리의 젊음이 아깝지 않다고 생각해
덧칠을 할 수 없는 계절도 모든 순간의 합창이 굉장한 걸작이라 말하는데

숨 쉴 것들의 색깔을 맞추는 퀴즈쇼
것들을 합친 굉장한 명장면을 선물하기

것들의 괄호
그것이 우리 모두의 사랑을 담은 경품

변질과 인공식품

숨 삼키는 초절식
불필요한 여름의 온기

무한히 내쉬는 공기가 끈적해
어제 씹다 뱉어 버린 껌 같아

영양소가 없어 신경을 곤두세우는데 이 완벽한 타이밍에 너는 항상 껌을 들고 다니지
이미 단종된 껌의 사장님처럼

신발에 붙었을까
아쉬운 마음을 아스팔트에 비벼댄다

한 그릇 가득 담긴 인공식품의 맛은 따끔한 혀를 자극하고
소박한 마음씨는 어지러워 주저앉는다

그 마음을 주워 먹을 수 있어
한 번 씹은 껌 조각은 나누어 먹을 수 있으니까

목구멍을 태우는 뜨거운 사랑과 여름 한 잔

변질된 마음은 가장 뜨겁게 내려앉고
잔뜩 식어 버린 이온 음료의 맛이 눅눅히 가라앉는다

전하기 어려운 마음에 이끼가 잔뜩 끼어
손을 잡고 건널 뻔한 터널은 입에 물려 닫히고

뜨겁게 소리치는 노래가
시끄럽게 메아리치는 소음이라며
그런 나쁜 말을 쉽게도 뱉는다

어제의 열병은 달아오르고 어깨는 잔뜩 긴장된 채로
식은 뺨에 그린 열꽃의 자국이 사랑의 아지랑이 같아

얼음을 가득 채운 세면대 위에 아삭한 사과가 동동 떠다닌다
사과는 빨간 사과가 아니라 푸른 사과야

가라앉는 건 경쾌히 베어 무는 사과의 맛인데

동동 떠오른 맛은 잔뜩 상해 버린 인공식품의 맛

바삭한 맛이야
바삭한 인공식품의 맛이 동동 떠올라

이제야 맛본 진실된 사랑의 맛
입에 껌을 넣었던 이유를 알 수 있다

진실된 마음은 상한 지 오래
가공된 마음만 바삭하게 씹어 삼켜

껌은 끈적하지 않아도 괜찮다는 편견
그건 편견이 아니야

진짜와 가짜를 구별할 수 없는 사랑
한 번 씹은 껌 조각을 나누어 먹는다

진짜를 찾는다
바삭바삭하지 않은 것을 찾는다

밀린 여름 상환

여름에 대한 글을 쓸 수 있다
새로 생긴 네일샵은 빠지지 않고 방문

올리고 싶은 것들은 자꾸 늘어나
네가 여름에 부리는 욕심처럼

영광의 순간 사랑이 넘쳐 올라
듬뿍 퍼서 먹인다

밀린 대출이 더 이상 없는데
갚을 단어가 필요해

손끝에 물든 글리터가 쏟아지듯
반짝이는 손톱이 아찔하다

신상 아이스크림으로 빚을 갚을게요
어김없는 약속을 계속합니다

꾀병이 아닌데

손끝을 자꾸 만지작거린다

다치지 않았어 상처 위 걱정은 무르기

더 이상 진짜가 아니야
밥솥 아래 눌어붙은 오래된 밥풀이 누룽지가 될 수 없는 것처럼
갓 지은 밥에 유통기한을 매길 수 없어

빛이 떠나는 곳

함께 나눌 빚은 더 이상 없다

시인 키우기

여름에서 찾아온 날인데

마중을 나가니 우뚝 서 있는 시인 하나
어제 산 시집의 저자였다

책상 위를 크게 덮은 단어들
새로 구운 종이 냄새에 미소를 띠고
그 안에 실린 단어를 오랫동안 씹어 보는 것

시인은 집을 짓는다

물린 단어를 찾아 기둥을 세우고
질린 동사를 찾아 지붕을 올리고

나를 위한 집이 아니야
사랑을 떠올리며 솟아난 집 한 채

작은 시인은 어느새 훌쩍 자라나
자신이 꿈꾸는 사랑으로 집을 짓는다

팔리지 않아도 괜찮아

멋쩍은 내 글짓기 실력으로 건네는 위로

온갖 더위에 먹음직스러운 시집이 되어

내 집을 지어 준 것도 아닌데

리어카 위에 갓 구운 시를 싣고 판매원을 자처한다

무르익은 여름이 나를 먹여 살린다

여름을 먹는다
지나치게 달콤한 숨을 위해서

온몸에 하얀 옷이 들러붙는다면
여름이 익었다는 신호

곧장 터질 것 같은 오후를 손바닥으로 움켜쥐고
씹는다
삼킨다

파랗게 익은 하늘은 내 위로 쏟아져
쏟아짐 속에서 하루를 살아 내는 법

텃밭 가장자리에 쓰러진 수박처럼
너덜거리는 옷소매처럼

여름도 퍼져 나갈 수 있어

여름은 나를 갉아먹고 나는 여름을 뜯어먹는다

여름의 껍질만 남을 때까지 기억하는 것
여름이 나를 가득 채워 먹인 사실을 잊지 않기

작가의 말

 여름을 위한 시를 쓰게 되었습니다. 시를 그만 쓰고 싶었던 적에도 여름을 위한 것은 쓰고 싶었습니다. 여름은 너무나 뜨겁고, 언제나 저를 팡팡 때려대지만, 저는 무력하게 당할 수밖에 없습니다. 그 거대한 뜨거움과 사랑에 빠질 거라는 걸 알고 있으니까요. 매서운 소나기가 달아오른 마음을 식혀 줄 것을 알고 있으니까요.

 여름이 삼킨 하루는 언제나 뜨겁고 치열합니다. 햇발에 천천히 익어 갈 때도 저는 사랑을 말할 수 있습니다. 부정하지 않으면 세상은 언제나 해맑습니다.

 행복이 부족할 때는 얼음에 음료를 부어서 마시면 됩니다. 기쁨이 부족할 때는 해변의 공기를 마시면 됩니다. 녹아 버릴 것 같은 순간에도 에너지를 솟게 하는 방법은 너무나 다양합니다. 좋아하는 아이스크림을 먹을 때도, 같은 길을 지나는 강아지를 볼 때도, 엘리베이터가 1층에서 나를 기다릴 때도 기쁩니다.

 《여름 피치 스파클링》에는 통통 튀는 것과 무디게 숨을 쉬는 것들이 가득합니다. 당신의 여름에 부정이 가득하다면 이 시집이 행복한 여름을 심어 주었으면 좋겠습니다. 기쁘게 만들 수 없는 것들도 기쁘게 만들었으면 좋겠습니다. 어떤 하루에는 복숭아 농장이 당신의 세상을 삼키고, 다른 하루에는 공짜 아이스티가 주어지면 좋겠습니다.

여름은 여전히 어려운 존재입니다. 변덕이 심한 나를 달래는 것만큼 어려운 일입니다. 그래도 사랑할 수 있습니다. 끝마친 여름은 그 자리에서 나를 기다릴 테고, 우리는 돌아올 여름을 기다릴 테니까요. 여름을 사랑하고 있습니다. 여전히 사랑하고 있습니다.

여름을 위한 시를 쓰게 되었습니다. 이곳에 담긴 것은 시가 아닐지도 모릅니다. 하지만 그게 무엇이든 저는 여름을 사랑하고 있습니다. 오늘부터는《여름 피치 스파클링》과 여름을 사랑할 당신을 기다리겠습니다.

2025년 여름,
뜨겁게 무너져 버린 복숭앗빛 태양 아래
차정은 드림

여름 피치 스파클링

초판 1쇄 발행 2025년 6월 4일
초판 10쇄 발행 2025년 6월 23일

지은이 차정은
펴낸이 이경희

펴낸곳 빅피시
출판등록 2021년 4월 6일 제2021-000115호
주소 서울시 마포구 월드컵북로 402, KGIT 19층 1906호

ⓒ 차정은, 2025
ISBN 979-11-94033-83-7 03810

- 인쇄·제작 및 유통상의 파본 도서는 구입하신 서점에서 바꿔드립니다.
- 이 책의 전부 또는 일부 내용을 재사용하려면 반드시 사전에 저작권자와 빅피시의 서면 동의를 받아야 합니다.
- 빅피시는 여러분의 소중한 원고를 기다립니다. bigfish@thebigfish.kr